톨스토이는요!

생일
1828년 9월 9일 (러시아)

별명
가난한 사람들의 친구

좋아하는 것
창밖을 내다보며 상상하기, 책 읽기

싫어하는 것
욕심 많고 게으른 사람

잘하는 것
글 쓰기, 다른 사람들 도와주기

못하는 것
농사일

글 강성은

대학에서 시나리오를 공부했으며, 현재 그림책 편집 및 집필을 하고 있습니다.
쓴 책으로 〈넌 어디에 사니〉, 〈목요일의 아이〉, 〈음악을 연주해 볼까〉,
〈갈라파고스의 비밀〉, 〈반짝반짝 놀라운 빛〉 등이 있습니다.

그림 조원희

홍익대학교에서 멀티미디어디자인을 공부했고, 한국일러스트레이션학교를 졸업했습니다.
자연과 동물, 마음속 깊은 곳에 자리 잡은 감정들, 그 밖에 작고 소중한 것에 관해 그림으로 이야기하기를 좋아합니다.
쓰고 그린 책으로 〈얼음 소년〉, 〈혼자 가야 해〉가 있습니다.

100인의 위인들 교과서 속 작가를 꿈꾸는 아이 톨스토이

톨스토이는 누구인가?

글 강성은   그림 조원희
펴낸이 남선녀   기획 편집 하늘땅 모은영 최문주 신지원   디자인 하늘땅 박희경 문정선
펴낸곳 한국차일드아카데미   주소 경기도 고양시 일산동구 은마길 77   전화 1588-6759
출판등록 2001년 1월 19일(제5-175호)   홈페이지 www.ekca.co.kr

ⓒ (주)한국차일드아카데미
※잘못된 책은 교환해 드립니다.
이 책은 저작권법에 의해 보호를 받는 저작물이므로 무단전재와 무단복제를 금합니다.
주의: 책이 딱딱하여 다칠 우려가 있으니 던지거나 떨어뜨리지 않도록 주의하십시오.

톨스토이는 누구인가?

글 강성은 그림 조원희

한국차일드아카데미

1910년 11월 어느 날,
러시아의 자그마한 간이역에서
여든두 살의 노인이 눈을 감았어요.

"아빠, 사람들이 왜 슬퍼해요?
저 할아버지는 누구예요?"

저 할아버지는 〈바보 이반〉을 쓰신 분이란다.
네가 날마다 읽어 달라고 조르는 바람에 아빠가 그 책을 다 외워 버렸잖니.
엄마가 좋아하는 〈전쟁과 평화〉도 저분이 쓰신 거야.
이제 할아버지의 새로운 책을 볼 수 없다니 아빠는 마음이 아프구나.

*〈바보 이반〉은 우직하고 착하기만 한 소년 이반의 성공 이야기예요.
〈전쟁과 평화〉는 전쟁에 휘말린 러시아와 그 속에서
고통스러워하면서도 희망과 사랑을 버리지 않는 러시아 인들의
모습을 생생하게 그린 작품이에요.

나는 톨스토이와 같은 대학을 다녔어.
톨스토이는 모범생이 아니었어.
교실보다 교실 밖 모임에서 보는 날이 더 많았거든.
하루는 왜 학교에 안 나오느냐고 물었더니
외우기만 하는 수업은 듣고 싶지 않다고 하더군.
그때부터 어딘가 특별하다는 생각이 들었지.
톨스토이는 삼 년 만에 학교를 그만두었어.
나중에 그가 농사꾼이 되었다는 소문을 들었지.

"참 아까운 친구야."

진짜 별난 도련님이었지요!
**평생 손에 물 한 방울 안 묻히고 산 부잣집 도련님이
농사일을 돕겠다고 나서서 대견하긴 했지만요.**
솔직히 머리가 어떻게 된 줄 알았어요.
농사일하는 솜씨가 어찌나 형편없었는지
도련님이 군대에 가신다니까 오히려 다행이다 싶었어요.

"먹고 마시며 즐기는 생활은 이제 그만두겠어!
앞으로 농민들처럼 땀 흘리며 살 거야!"

혹시 〈세바스토폴 이야기〉란 책을 읽어 보셨나요?
추위와 두려움에 벌벌 떠는 병사들의 모습을
어쩌면 그렇게도 생생하게 썼는지 몰라요.
그 책에 나오는 병사는 분명히 저를 보고 쓴 걸 거예요.
모두가 잠든 밤에 글을 쓰던 그의 모습이 떠오르는군요.

*〈세바스토폴 이야기〉는 세바스토폴 해군 기지에서 겪은 전쟁 이야기예요.

**톨스토이는 군대를 나온 뒤에도
귀족들과 거의 어울리지 않았어요.**
우리 같이 글을 쓰는 사람들은 원래 귀족들을 많이 사귀는데 말이에요.
톨스토이와 함께 유럽을 여행할 때였어요.
그는 사람들이 거들떠보지도 않는 길거리 악사야말로
존경을 받아야 한다고 했지요.
무엇보다 농민과 노동자가 사람답게 사는 유럽의 분위기에 놀라더군요.
고향에 돌아가면 농민들을 위해 학교를 꼭 짓겠다고 했어요.

*악사는 악기로 음악을 연주하는 사람을 말해요.

"이렇게 좋은 연주를 듣고도 동전 한 닢 내지 않다니!
악사님, 오늘 제가 당신에게 저녁을 대접하겠습니다."

우리 아빠가 늘 하신 말이 있어요.
"세상에 공짜는 없다."
이 말은 틀렸어요.
톨스토이 선생님은 우리를 위해
공짜 학교를 세우셨거든요.
그뿐인가요?
선생님은 우리를 위해 교과서를 직접 쓰시고,
우리를 함부로 대하지도 않으셨어요.
지겨운 숙제도 내지 않으셨고요.
톨스토이 선생님은 저의 영원한 선생님이에요.

처음에는 톨스토이를 믿지 않았어.
아무리 우리 편을 든다고 해도 귀족에다가
작가라고 해서 꽤나 거드름을 피우겠구나 했지.
하지만 곧 우리는 문제가 생길 때마다
'가난한 사람들의 나무' 앞으로 달려갔어.
이 나무는 톨스토이의 집 앞에 있는 오래된 느릅나무인데,
우리는 모두 이 나무를 그렇게 불렀어.
톨스토이는 농부인 우리들의 둘도 없는 친구였지!

"값비싼 옷은 필요 없단다.
나는 이 외투 하나면 충분해."

아빠는 아주 유명한 작가였지만,
성공이나 명예에는 관심이 없으셨어요.
책이 잘 팔려서 기쁜 이유는 단 하나,
그 돈으로 가난한 사람들을 도울 수 있기 때문이라고 하셨지요.
어려운 사람들에게 먼저 손을 내미는 분이셨어요.
엄마가 아빠의 마음을 좀 더 알아주셨다면 좋았을 텐데…….

나라고 왜 그이처럼 남을 돕고 싶지 않았겠어요?
하지만 나까지 이웃에 다 퍼 주고 나면
우리 가정은 어떻게 되죠? 우리 아이들은요?
내가 남편과 많이 다툰다고 사람들은 손가락질하지만
나는 톨스토이를 진심으로 사랑했어요.

가방을 싸서 집을 나갈 때에 잡지 못한 것을 후회했어요.
그것이 그 사람의 마지막이 될 줄은 정말 몰랐어요.

사랑하는 아내 소피아에게

나는 오랫동안 나의 생활과 생각이
당신과 같지 않다는 것을 고민해 왔다오.
가족에게 큰 고통을 줄까 봐 망설였지만
더 이상 귀족의 삶을 살 자신이 없구려.
나의 행동이 당신을 슬프게 하더라도
제발 나를 용서해 주시오.
그리고 나를 찾지 마시오.

1910년 10월 29일
톨스토이가

1910년 10월 어느 이른 아침,
톨스토이는 편지 한 장을 남기고 집에서 나왔어요.
그의 마지막 여행은 한 달을 넘기지 못했지요.

어떤 사람은 그를 위대한 작가라고 말했어요.
어떤 사람은 그를 친절한 선생님이었다고 기억했지요.
어떤 사람은 그를 농부들의 친구라고 했지요.
그들은 모두 입을 모아 외쳤어요.

"톨스토이는 세상에서 가장 '큰사람'이었어요."

실제로 톨스토이는 1910년 10월 29일 이른 아침 장녀와 주치의를 데리고 집을 떠났습니다.
그리고 여행을 하다가 도중에 병을 얻어 아스타포보(현 톨스토이 역)의
역장 관사(관청에서 관리에게 빌려 주어 살도록 지은 집)에서 숨을 거두었습니다.
하지만 이해하기 쉬운 동화 형식으로 결말 부분을 재구성했습니다.